Meinauer Naturlehre

Wilhelm Wackernagel

Alpha Editions

This edition published in 2022

ISBN : 978935690119

Design and Setting By
Alpha Editions
www.alphaedis.com
Email - info@alphaedis.com

Vorwort.

Das altdeutsche Prosawerkchen, das auf den nachfolgenden Blättern veröffentlicht wird, steht in der Basler Pergamenthandschrift B. VIII. 271 zwischen Hugos von Langenstein Marter der heil. Martina und Schondochs Litthauer; es ist mit dem ersteren dieser Gedichte von demselben Lohnschreiber des vierzehnten Jahrhunderts, einem Konrad von S. Gallen,[2] sauber und zierlich aufgesetzt worden. Eine zweite Handschrift, die es enthielte, ist zur Zeit noch unbekannt. Einzelne Stücke daraus sind bereits an anderem Ort erschienen;[3] der vollständige Abdruck, welcher hier nun vorliegt, wird sich durch den bedeutenden Werth rechtfertigen, den dieses Buch für die Litteraturgeschichte und namentlich für die Geschichte der Naturwissenschaft besitzt.

Es fehlt unsrer alten Litteratur nicht an anderen ganz deutsch oder deutsch und lateinisch verfassten Prosaschriften aus eben diesem Gebiet. Aber die übrigen gehœren entweder lediglich der Arzneikunde an, und sind dann eine kaum zusammengehaltene Reihe von Recepten, wie die mit dem Namen des Hippocrates aufgeschmückten in Zürich,[4] Basel[5] und Leipzig[6] und selbst jene grosse Krankheits- und Heilmittellehre, deren Handschriften in Breslau und München liegen;[7] oder sie verbinden, wie Konrad von Megenberg,[8] die Medicin mit der gesammten Naturgeschichte, oder weben endlich, wie das älteste Buch dieser ganzen Reihe, der Lucidarius,[9] Weltbeschreibung, Weltgeschichte und Theologie in einander. Den praktischen Bezug auf die Gesundheitspflege hat auch unsre Schrift: sie behandelt in solcher Art gleich zu Anfang die vier Temperamente. Die Hauptsache jedoch, während Thier- und Pflanzenkunde u. s. f. gänzlich bei Seite bleiben, ist ihr die Astronomie, die Lehre von der Gestalt der Erde, der Bewegung der Himmelskörper, der Berechnung und Benennung der Zeiten nach Sonnen- und Mondenlauf und dem Lauf der übrigen Gestirne. Und hier tritt uns, anziehend genug und überraschend, eine Kenntniss entgegen, wie sie dem Mittelalter nicht allgemein geläufig, wie sie der Kirche nicht immer genehm, ja von derselben mehrfach verpœnt war. Der Verfasser weiss nicht bloss, woher Sonnen- und Mondfinsterniss rühren (297c, ff.): er weiss auch, dass die Erde eine Kugel (293a.)[10] und der Fall eine Bewegung nach deren Mittelpunkte sei (294c.).[11] Kurz, er hat von diesen Dingen diejenige Kenntniss, bis zu der schon das griechisch-rœmische Alterthum durch Eratosthenes und Ptolemæus gelangt war. Nur erscheint die Ueberlieferung davon in der Weise des Mittelalters trüb und verwirrt: Romulus z. B. und Numa Pompilius, die er auf Anlass der Römischen Jahres- und Monatrechnung zu nennen hat, sind ihm zu *meistern*, das heisst hier zu Astronomen, und aus *Pompilius* ist noch *Pompeius* geworden (296a. b. 301d. ff.). Ich vermuthe, dass er diesen antiken und überhaupt den ganzen Stoff seines Buches durch Vermittelung der Aerzte und Naturgelehrten zu Montpellier empfangen habe. Dahin deutet nebst der Erwähnung eines namhaften Astronomen der in Spanien benachbarten Araber, des Alfraganus (293a.) d. i. des Mohammed ben Ketir von Ferganah,[12] der diætetische Abschnitt Bl. 297a. ff. Denn eben diese Regeln über Essen und Trinken, Schlafen und Baden finden sich, theilweis mit beinahe wörtlicher Uebereinstimmung, auch in einer Sammlung medicinischer Schriften wieder, die, jetzt der Bibliothek zu Basel angehœrig, ihren Ursprung in Montpellier genommen hat.[13] Sie lauten daselbst auf Provenzalisch also:

Om quan ce leua de dormir deu anar petit epla esos membres estendre eson cap penchenar. car lestendilar aferma locors el penchenar enfa issir lo fum que pueia el cap lanueg

In en estiu deu hom som cors lauar am baynga freia car estrenh lo fum delcor edona talent demaniar E deu se hom uestir de blancas camizas ede bels uestimens car lo coragge dome sen alegra. epueis bregue las dens elas gingiuas am bonas especias. epueis onhgua lo cors am debos enguens car lo cors sen es gauis perlas bonas odors. E pueis mania debos lectuaris confortatius et aias una liura daloe car aisso mou lacalor naturalh edezembarga lacalor del pania edestiu lauentozitat pueis an sen estar edeportar ab sos priuatz per es gauzir son cors. E quant uolra maiar[14] *osopar. caualgue. i. pauc que mais ne maniara*

Wo aber und von wem ist unser deutsches Buch verfasst worden? Es wäre gewagt zu behaupten, so nahe gelegt auch die Behauptung ist, dass Hugo von Langenstein, der die heil. Martina gedichtet, auch dieses in der Handschrift gleich auf die Martina folgende Werk zuerst geschrieben habe. Denn Hugo, der in seinen Versen so geschmacklos und der Sprache nur wenig Meister ist,[15] konnte die Prosa schwerlich mit so leichter Einfachheit handhaben; die zu solchem Werk erforderliche Gelehrsamkeit hätte ihm vielleicht nicht gefehlt.[16] Aber ein Zeitgenosse wird es gewesen sein (die Martina ist von 1293)[17] und ein Ordensbruder Hugos, ein Deutschritter, und auch in dem Ordenshause auf der Meinau angesessen, welches Hugo stiften helfen und in welchem er selbst vielleicht als Commenthur sein Leben beschlossen hat.[18] Die Handschrift ist sichtlich zuerst im Besitze Deutscher Ritter gewesen und für solche gefertigt worden: ein Glied des Ordens hat die Martina gedichtet, und die später erst beigefügten Reime Schondochs von dem heidnischen König in Litthauen behandeln eine Ordenssage. Jene Diætetik sodann setzt ein vornehm bequemes Herrenleben voraus, wie es solch einem Orden vergönnt war; wirklich hat auch sie die Grundlage oder wenigstens doch Beitræge hergegeben zu æhnlichen Anweisungen, die spæterhin für den Hochmeister in Preussen von einem berühmten Arzte niedergeschrieben wurden.[19] Und wenn endlich Bl. 298b. der Eurus *niderwint*, der Auster *wazzirwint*, der Zephyrus *waltwint* heisst, so sind das Benennungen, die gerade auf der Meinau, in der nördlichen Bucht des Bodensees, am füglichsten Platze waren: denn da ist östlich niederes ebneres Land, westlich der

Schwarzwald, südlich das grosse Schwabenmeer. Deshalb ist der Titel „Meinauer Naturlehre“ schon früher gewæhlt20 und auch diessmal festgehalten worden.

Die ursprüngliche Aufsetzung jedoch haben wir in der Basler Handschrift so wenig von diesem Prosabüchlein als von der Martina. Beide enthalten mancherlei Fehler, die auf eine nicht ganz leserlich gefertigte oder stellenweis verwischte Urschrift zurückdeuten, und der Abschreiber erweist sich oft gedankenlos und überall unkundig. Ich habe mich bemüht die so entstandenen Fehler zu beseitigen; die Anmerkungen verzeichnen bei jeder Besserung die handschriftliche Lesart. Nur wo es lateinische und griechische Worte betrifft, habe ich lieber nicht geändert, da in solchen schon die Urschrift irren mochte. In der Bearbeitung des Textes noch weiter zugehn und so, wie es die Herausgeber altdeutscher Schriften lieben, die Sprache ebenmæssiger zu machen, als sie im Munde des Schreibers und wohl auch des Verfassers selber war, schien unerlaubt. Es sind demnach mehrerlei Formen derselben Worte, mehrerlei Schreibungen desselben Lautes gern und geflissentlich geduldet, und nur in einigen unwesentlichen Stücken ist um das Geschäft des Lesers zu erleichtern die strenge Buchstæblichkeit verlassen worden: die Abkürzungen sind aufgelöst, die vocalischen *v* gegen *u*, die consonantischen *u* gegen *v* vertauscht; Präpositionen, wo sie mit ihren Substantiven in eins geschrieben waren, davon getrennt; umgekehrt Zusammensetzungen, wo ihre Bestandteile getrennt waren, in eins geschrieben; und endlich anstatt der blossen Punkte noch andere Satzzeichen, aber mit mœglichster Einfachheit des Verfahrens, eingefügt.

Basel, im August 1850.

Wilhelm Wackernagel.

1) Ausführliche Beschreibung derselben in den Altd. Handschriften der Basler Univ. Bibliothek S. 39 ff.

2) Am Schluss der Martina, Bl. 292d:

Der dis buoch geschriben hat

Der heizit von sant Gallen Cvonrat.

Als Lohnschreiber bezeichnet er sich durch den Schlussvers der Naturlehre, 304b: *Finis adest operis mercedem pasco* (d. i. *posco*) *laboris.*]

3) Altd. Lesebuch Sp. 767–774.

4) Graffs Diutiska 2, 269.

5) Haupts und Hoffmanns Altd. Blätter 2, 133.

6) Aufsess Anzeiger f. Kunde des deutschen Mittelalters 2, 242.

7) Hoffmanns Fundgruben 1, 317. Schmellers Bair. Wörterb. 3, 678.

8) Büschings wöchentl. Nachr. 2, 273 ff. 293 ff.

9) Aufsess und Mones Anzeiger 3, 311. Altd. Blätter 2, 5.

10) Vgl. Haupts Zeitschr. f. Deutsches Alterthum 6, 145.

11) *Wie swærer last sich neiget zer erden zenter.* der Kanzler in vdHagens Minnesingern 2, 390b.

12) Schnurrers Biblioth. Arab. 462 ff.

13) Handschr. D. II. 11; vgl. Haupts Zeitschr. 5, 16.

14) lies *maniar*

15) Altd. Handschr. d. Basler Univ. Bibl. 46.

16) Ein Abschnitt der Martina (*von der menschlichen blœde* 114d.–137b.) ist nach Pabst Innocenz III. Schrift *de miseria conditionis humanæ* gearbeitet.

17)

Als man mit warheit spurte
Do waz nach gottes geburte
Diz buoch gemachet daz ist war
Do man zalte tusent iar
vnde dar zvo zwei hundert
mit warheit vs gesundert.
Driv vnde nvnzic darzvo 292c.

18) Im Jahr 1287 war er Commenthur zu Sumiswald (im Canton Bern); 1298 lebte er noch zu Freiburg im Breisgau; Commenthur auf der Meinau ward er nach Lassbergs Vermuthung 1319: Altd. Handschr. d. Basl. Univ. Bibl. 40. Haupts Zeitschr. 7, 169.

19) Auszüge aus diesem „Regiment des Lebens“ in Raumers Hist. Taschenbuch 1, 189 ff.

20) Altd. Lesebuch 767.

Deʒ menschin lip ist gemachet uʒ vier elementen1.

1) In der Handschrift *elemente*

2) Zweimal *de*

da von so wil ich dir sagen welhes siu sint. Daʒ erste ist diu erde. diu ist kugeleht. daʒ mac man kiesin da bi. wan so der mane verleschit, daʒ schinet uns an der ersten stunde der naht. aber die da sint in oriente, die sehint des manen gebresten umbe die dritten stunde der naht. daʒ ist darumbe. wan eʒ ist in e naht dan uns. daʒ en mohte niemer gesehen, enwere daʒ2 ertriche niht kugeleht unde enmitten hoch. da von so gat in diu sunne e uf danne uns. wonde si danne also gar michel ist, da von schinet si sleht unde breit. unde daʒ mer hat dise welt in driu also geteilit:

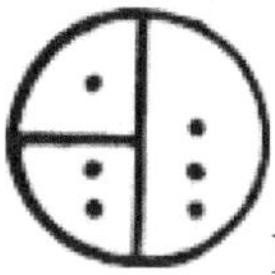

Daʒ minste heiʒit Europa, Daʒ ander affrica, Daʒ dritte asya. Von dem ertriche sprichet ein phylosophus, alfraganus „Den minsten sternen den der mensche mac gesehin, der ist groʒir (293b.) danne daʒ ertriche alle sament, unde ein Sterne ist als ein punctel gein dem himel.“ Nu merke wie groʒ der himel si gein dem ertriche. Diu erde ist der andern elemente reinate unde ein drussene. Unde diu erde ist von ir nature durre unde kalt. also der naturen sint och ein teil liute. den sprechint die arzate3

3) *aʒʒate*

4) *ʒahet*

Melancolici. die artent nach der erden, unde sint sorghaft, gerne truric, gitic unde habende, ungetruwe, zahe4 unde swarzir varwe. Nu hest du ein element. daʒ ist diu erde.

5) *fiuhte. der*] *fühter*

Daʒ ander element ist daʒ wasser, unde ist och cugeleht umbe daʒ ertriche. als in eime eige daʒ luter umbe den duttern gat, also umbegat daʒ wasser die erde. nuwen daʒ uns got den luft hie lat, daʒ wir genesen, eʒ solte anders alles hie waʒʒir sin. unde ist och daʒ waʒʒir kalt unde fiuhte. der5 naturen sint och die liute, den die meister sprechint sanguinei. die ar-(293c.)tent nach dem waʒʒir, unde sint gebinde, minnende, frolich, lachende, unde rotenthafter varwen, unde singent, unde feiʒet sint si, geturstic unde guotmuotic. Nu hestu daʒ ander element, daʒ wasser.

Daȥ dritte element daȥ ist der luft. der besluȥit in sich die ersten zwei, unde ist warm unde fiuhte. darnach artent die, den die arzate sprechint fleumatici, unde sint an slafenne gerne drage, unde mugent vil speichlotun haben, unde hant herten sin, veiȥt, unde wis sint siu gerne. Nu hestu daȥ dritte element. daȥ ist der luft.

Daȥ vierde ist daȥ6 | 6) *daȥ* fehlt. | fiur, unde ist durre unde warm, unde umbegat die andern alle. der nach artent die lute, die da heiȥint colorici. die sint los, drugenhaft, zornic, gebinde unde geturstic, ruh, cranc, durre, unde bleicher varwen. dise vier element gent dem libe fuorunge. daȥ sint die erde, waȥȥir, luft unde fiur. (293d.)

Darnach7 | 7) Bis hieher wechseln rothe und blaue Anfangsbuchstaben der Absätze. |

8) *der sibinder*

9) *mensche*

10) *dem*

11) *firmentum* | ob disen elementen gat ein gar luter gegni an, der sibin8 sternen, die da heiȥint planeten. die gant anders danne ander sternen, daȥ man9 sprichit, si sin die ierrenden sternen. E danne ich dir von disen siben sternen sage, so wil ich von den10 obresten sagen, daȥ du eȥ deste baȥ merkest. ob disen siben sternen, von den ich dir sagende wirde, sint alle sternen, unde alle sternen an dise siben heiȥent die steten sternen oder die gesteten, wonde si gestetent sint in die witen, die da heiȥit daȥ firmamentum11, daȥ siu gelich balde gant mit dem firmamentum allumbe die elementa. Von dem lande gant si her uber, da die sunne uf gat, hine da diu sunne under gat, under die erde hine. von disen steten sternen en wil ich nihtesniht sagen iegnote, nuwan daȥ dise sternen unde ir firmamentum also balde (294a.) umbe gant, daȥ siu soltent mit in12 | 12) *im* |

13) *disen*

14) *de siv die* | umbe ciehin die vier elementen, also gehes, daȥ nihtes niht

en solte noch en mohte begruonen oder bekumen. da von so het si got beschaffen, dise[13] siben sternen, daz die[14] fuoren sulent die welt unde den obresten sternen widerstan sulent. Daz firmamentum gat umbe von orient vil swinde zuo dem occident. aber da wider her dan gant die planeten von occident zuo orient. Spreche danne ieman „ich en weiz waz du seist. ich weiz wol, die sternen gant alle zuo orient uf unde ze occident under,“ dez antwurte ich also. die steten sternen[15] 15) *sternent*

16) *halb*

17) *kvmume*

gant von dem oriente zuo dem occidente naturliche. den ganc hant si. aber die planete hant zwene genge. einen betwungenlichen hant si mit dem firmamente von oriente, unde der ganc nimet obern hant.[16] der ander ganc ist der (294b.) naturlich ganc den die planeten hant von occidente wider daz firmamente. der ganc ist so verdruckit, daz er kume[17] schinet. wonde aber nieman mich lihte noch niht verstat, so wil ich ein bizeichen setzin. nim ein wurmel unde setze daz umbe ein umbe gendes rat, daz ez crieche wider dez rades lof. so gat daz wurmel für sich, unde wirfet daz rat umbe diz wurmelin hin wider vil menic werbe, e dan ez gecrieche wider an daz zeichen[18] 18) *zeichein* oder *zeichem* da ez an huob. also wirfet daz firmamentum die planeten von oriente zuo dem occidente aller tegelich umbe. der wider strebint die planete, unde sument sich, daz siu niht also schiere under gant also die steten sternen. daz ander bizeichen ist. die meister sprechint, unde ist och war: so diu creature ie liehter ist, so dringet ez ie me hin uf, alse diu flamme. daz abir ie swerer ist, daz duget so ez meist mac zuo (294c.) dem centrum, daz ist zuo dem allir mittelsten puncten, der en mitten in dem ertriche[19] 19) *etriche*

20) *dú kien*

stat. der heizit daz centrum, also der puncte der en mitten in eime umbecreise ist, der heizit och der centrum, als du kiesen[20] maht an dirre figuren:

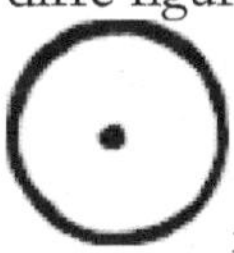

nemest du denne einen stein, unde wurfest in hohe uf, so heter zwene genge, einen hin uf betwungenlichen, unde sinket doch naturlichen, daz er drætecliche stiget. so er danne den betwungenlichen ganc verlat, so vellet er swinde. also hant och die planeten zwene genge. der erste planete heiȥit Saturnus, der ander Jupiter, darnach Mars, unde danne die sunne, unde venus, Mercurius unde der Mane. Jupiter unde venus sint geluckehaft, Saturnus unde Mars ubil. aber die sunne unde der mane unde mercurius sint etwenne guot, etwenne ubil. Saturnus ist kalt unde durre, Jupiter heiȥ unde fiuhte, Mars unde (294d.) die sunne heiȥ unde durre, der mane unde venus fiuhte unde calt.

21) *maht*

22) Die Kreise mit blauer, die Worte ausserhalb mit rother Farbe.

Mercurius het mittelmæsige nature. unde het ie einer witern ganc danne der ander. daȥ mahtu21 allis kiesen ander figuren die hie nach gat.22

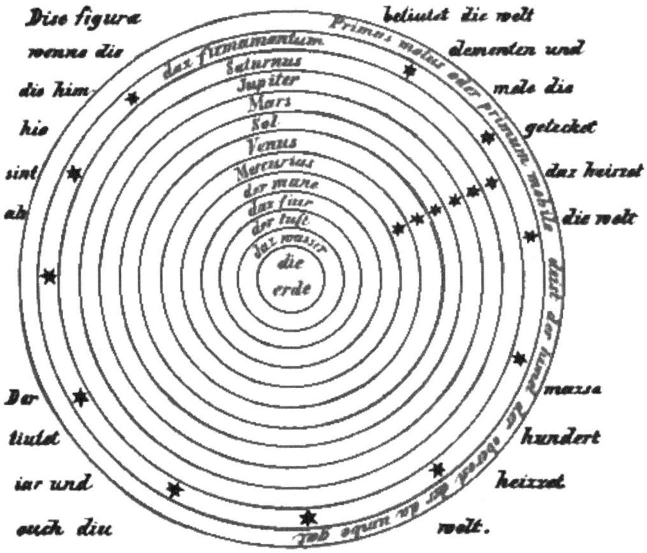

[Oben:] *Dise figura betiutet die welt wenne die elementen und die himmele die hie getecket sint daȥ heiȥet ah die welt.* [Unten:] *Der maȥse iutet hundert iur und heiȥȥet ouch diu welt.* [Innen:] *Primus motus oder primum mobile deist er himel der oberest der da umbe gat / daȥ firmamentum / Saturnus / Jupiter / Mars / Sol / Venus / Mercurius / der manu / daȥ fiur / der luft / daȥ wassir / die erde*
Grösseres Bild

23) *Kútes*

24) Dahinter als Merkzeichen ein durchkreuzter Kreis mit einem Punkt in jedem Viertel. Vgl. 298c. 299c.

25) *volle*

26) *gevarne* am Rande nachgetragen.

27) *ein* nachgetragen.

28) *niht* am Rande nachgetragen.

29) *studel*

30) *dc*

31) *mache*

32) *ein*

Kiut es23 in tiuschen gelich, in latine heiȥit diu erste welt mundus, diu ander welt seculum. In dem aller oberesten himel da ist ewekeit, da got ist ob dem primum Mobile. aber hie ist zit, zergenclikeit. Sit daȥ ich danne von der zit24 geret ein wenic habe, so wil (295a.) ich von der zit furbaȥ sagen. da von wissest daȥ wir der zit niht me hant denne ein vil cleines stundel, daȥ du eȥ kume maht vor25 cleine merken. unde die für gevarne26 zit en ist niht ein27 zit. die kunftige zit ist niht ein zit. unde diȥ stundel en ist och niht28 ein zit. eȥ ist nuwen ein angenge der zite, als ein punctel einer linien anegenge ist, unde ist doch niht ein linige. also ist eȥ umbe diȥ stundel29, Unde en ist niht ein zit. da von sprach der wise man sant augustinus „wir sin in der zit, wir reden von der zit. waȥ abir diu zit sie, des30 vermisse wir genzliche. unde geschiht der zit, als der ein linigen machen31 wil mit einer nadeln durch win in eime napfe. daz gestrichene en32 ist niht. daȥ du solt strichen en ist niht. unde belibet dir nuwen ein punctel. der abir dich fraget waȥ danne diu zit sie, so sprich: die zit ist ein twale an der (295b.) die zergenclichen dinc beweget werdent.“ Ein naturliche dac, den die romer zuo mitter naht an hebent,33 wonde got wart ze mitter naht geborn, der gat ze mitter naht uȥ. der het34 vier unde zwenzic stunden, die liute teilent in in ein naht unde in einen tac. die naht daȥ ist der erden schetewe, die von der sunnen gant.

33) Dahinter noch *der gat*

34) *bi*

Aber ein meister, heizit aristotiles, der sprichet von dem tage, der da dez naturlichen tages teil ist, unde sprichet sin wort zuo latine also: „dies est lacio solis super terram." Der tac, sprichet er, ist der sunnen ufganc ubir die erde. diu erste stunde dez sunnentages, an der richzet der planete die sunne. da von heizit ez sunnentac. der ersten stunden dez mentages richzet der mane. da von heizit er mendag. an der ersten stunden dez cistages richzet Mars. da von heizit er martis tac. an der ersten stunden der mitwochen so richzet Mercurius. (295c.) An der ersten stunden dez dunrestages richzet Jupiter. An der35 35) *And' der* ersten stunden dez fritages richzet venus, daz betiutet eine minnegotin. An der ersten stunden dez samztages richzet Saturnus. nach disen planeten hant die heiden ir tage in der wochin genant, unde zellent siu also nach einander: Dies solis, Dies lune, Dies martis, Dies mercurij, Dies iovis, Dies veneris, Dies Saturni. Nu weistu wol iegliches tages waz planeten an der ersten stunden richzet. an der anderen stunden richzent ie die anderen. an der36 36) *andē* dritten richzent die dritten, die ie darnach gant. als an dem samztage. der ersten stunden richzet Saturnus, an der andern Jupiter, an der dritten Mars, an der vierden sol, an der fiunften venus, an der sehzten Mercurius, an der sibenden luna, an der ahten saturnus. also aber an unde uz, bis der tac hine kume. unde tuo dem andern (295d.) als dem ersten, so weist du alle stunden waz planeten denne richzit. dez wartent die wisen, so siu drenker gent37 37) Aus *drekengen* gebessert. oder so siu lazent. so wartent si weder der stunden planeta übel oder guot si. aber die iuden virent den samztage, unde heizit sabbatum zuo latin, unde nach der iuden wisheit der sunnendag in latine prima sabbati, der mendac secunda sabbati, Danach tercia sabbati, unde denne quarta sabbati, quinta sabbati unde sexta sabbati. Aber die cristen die sprechint dem sunnentage, den siu da virent, Dominica dies, daz ist in tiuschen unsers herren tac. dem selben sprechint si och prima feria, daz kit der erste dag. dem mentage sprechint siu secunda feria, unde danne tercia feria, quarta feria, quinta feria, sexta feria, unde danne sabbatum. dem tage38 38) *ta- tage* sprechen wir als die iuden. wande sabbatum betutet ruowe. dez tages ruowete got (296a.) von alleme dem werke daz er worhte, unde ruowete och in dem grabe dez selbin tages nach der marter. der denne fragte „warumbe en began wir niht ander vire, unde die woche an ze vahinne den samztag als die iuden?" dar zuo soltu antwurten daz wir daz von der meisterschaft gottes hant. wan er wart dez sunnentages geborn, dez selbin tages erstuont er, unde sant sine gabe deȥ heiligen39 | 39) *heilige*

40) *sine* | geistes sinen40 iungern an dem selben tage. Daȥ iar teilent die liute in zwei, in den winter unde in den sumer. abir die meister teilent eȥ in vier teil. In den winter. der vat an sant clementen tac an. ein meister, heiȥit numma pompeius, der vahet daȥ iar an in dem winter, so die sunne in dem zeichen loufet daȥ da heiȥit capricornus. wan so ist die sunne aller verrest von uns, unde beginnet uns nahen. so ist eȥ och sol-(296b.)sticium hyemale, daȥ winterlich solsticium. solsticium daȥ ist, so die sunne als verre ist, daȥ si niht verrer mac, oder so nahe, daȥ si niht naher en mac. so ist die sunne aller verrest, unde ist die zit kalt unde fiuhte. so suln wir umbe keren die gewonheit unsers lebins, unde sulint spulgen warmer spise. Daz ander teil heiȥit der lenze. daȥ vahit an sant peters tag ane. Ein meister, heiȥit Romelus, der vahet daȥ iar ane in dem lenzen, so die sunne loufet in dem zeichen daȥ da heiȥit aries. wan so blugent elliu dinc. so ist eȥ och equinoccium41 | 41) *equiuocciū*; nachher *equiuociū*

42) *ȥwelten* | vernale. zuo merzen so ist der lenzeliche equinoccium. Equinoccium daȥ ist, so diu naht unde der tac gelich lanc sint. daȥ iar gat zuo merzen von rehte an, nach der heiligen schrift. wan diu welt wart gemaht xv°· kal. aprilis. unde me. unser herre gebiutet an eime buoche, heiȥit exodus, in dem zwelften42 capitele von dem (296c.) merzen unde sprichit „Mensis iste primus erit vobis in mensibus.“ daȥ ist: dirre manat sie iuch der erste under den manoden. so ist diu zit warm unde fiuhte. so ist geismilch gesunt. so ist och decheine43 | 43) *den cheine*

44) *ȥe* fehlt.

45) *nahet* ohne *an.* | zit besser ze44 laȥen, ze badenne unde zuo allem deme, daȥ den lip reinet. Daȥ dritte teil heiȥit der sumer. der vahet an45 an sant urbans tag. ein lant, heiȥit arabia, deȥ landes liute vahent daȥ iar an in dem sumer, so die sunne loufet an dem zeichen daȥ da heiȥit cancer. die selbin geloubint daȥ die sunne wurde gemaht an dem zeichen daȥ da heiȥet leo. so aber in cancro diu sunne loufet, so ist eȥ solsticium estivale, daȥ sumerliche solsticium, so uns die sunne aller nahest ist. so ist diu zit warm unde durre. so sol man sich huoten vor allen heiȥin spisen unde derrender unde vor zuo vil essenne, daȥ eime menschen sin naturliche hizze iut cerga.

so (296d.) sol man essen swaʒ kule unde fuihte si. so sol man sich huoten vor unkiuschekeit unde vor allem lasenne so man meiste mac. daʒ ist dem libe guot. unde man sol kaltiu beder meʒeclich uben. Daʒ vierde teil deʒ iares heiʒit der herbest, der[46] 46) *dem* an vahet an sant Bartholomeus tag. Etliche meistere unde die iuden vahent daʒ iar an in dem herbest, so die sunne lofet in libra. unde so ist equinoccium autumpnale, daʒ winterliche equinoccium. so sint tac unde naht gelich lanc. so vahent siu daʒ iar an. wan der herbest ist ein fruhtber zit. also daʒ iar denne ist beroubet von den alten fruhten, unde die nuwen fruhte denne ane gant, also gat ein alt iar us, ein nuwes an. so ist diu zit kalt unde durre. so sol man bruchen die spise die warm unde fiuhter naturen sien, als iunge huonre unde lemberin fleisch unde edil druben unde lutern virnen win. unde sol man sich (297a.) huoten vor unkiuscheit mit wiben[47]. 47) Dahinter fast eine ganze Zeile unlesbar ausgeschabt.

48) *man* fehlt.

49) *dē* gebessert aus *hindē* deʒ herzen frode unde friheit ane bœse geluste ist dem libe gar gesunt. zorn, sorge unde widermuote swendet die craft unde den lip, unde dracheit. da von sol man die dracheit vertriben. unde so man morgens von dem slafe gat, so sol man[48] die arme gelich dennen, unde daʒ houbit strelen, unde ogen, den munt unde die zene unde hende weschen dur suverheit unde dur roscheit. so man denne essen sol, so sol man vor den[49] lip muogen ein wenic mit etlicher arbeit. wan daʒ machet den lip rosch unde liht, unde erhitzit den magen wol ze dowenne. ein ieglich mensche enziehe sich trinkennes so eʒ meiste mac, aller meiste kaltes waʒʒers uf daʒ essen. wan eʒ erkeltet den magen, unde wan eʒ ierret den lip unde die spise. So man danne gisset ze inbisse, so sol man uf senften betten ein wile slafen (297b.) uf der rehten siten, unde darnach[50]

50) Dahinter noch *vf der lingen siten*

51) *vmbe der beiʒʒet*

52) *begegerunge*

53) *die der* zweimal.

54) *lŏm* sol man den slaf vollebringen uf der lingen siten. unde danach

en sol man nit zestunt essen, biz der mage itel werde. daz sol man kiesen bi der dunneda der speicholter unde bi der gerunge dez magen. wanne swer in umbederbe izzet51 unde ane begerunge52, so en vindet diu spise niht dez magen naturliche wermede. da von kumit ungesuntheit. Swer aber erbeitet rehter zit, biz daz er begerunge gewinnet zessenne, der sol alzestunt essen. anders der mage wirt zehant vol boser fuhtekeit, die der53 mage samenot von der ungesuntheit dez libes. unde der bœse toum54 der betrubet die hirne. unde der danach och isset, so ist die spise alse si erschrecket sie, unde en git niht craft dem libe. diſe lere wiset aristotiles. unde och dise, daz du wissest daz die durrecheit unde keltene die vehtent wider die nature. (297c.) die selben zwei die sint ein anegenge dez todez. den soltu widerstan. als ich geseit habe, so behalt die naturliche wermede so du meist maht. warme spise ist gesunt unde die suoze. Aber da wider so derret unde swechit den lip luzil essen unde vil trinken unde vaste arbeiten unde vil wallen oder gan

unde der sunnen55 55) *sunē*

56) *dem*

57) *gemahet* schin, vor essenne slafen, oder uf herten betten ligen, unde

daz man bade in den56 badern die mit listen gemaht sint, daz siu selber warment. gesalzene spise oder durre spise oder calte unde alten win unde dicke lasen die sint schedelich. Nu weistu wol wie man daz iar in vier teile teilet. Nu wissist daz wir da mitte vier frone vasten hant, wonde daz mensche uzer vier elementen gemachet57 ist, daz ez allen sinen lip verzehene gotte. Eine frone vaste ist die mittewoche nach sante Lucien dage. die (297d.) ander ist die mittewoche nah dem schurtage in der vasten. die dritte ist diu mittewoche nach dez heiligen geistes dage, daz ist in der pfingestwuchen. die vierde unde die hinderste frone vaste ist die mitwoche indem herbeste nach dez heiligen cruces tage. Der babst het gebotten ze vastenne den abent sant Peters, sancti andree, sancti symonis, sancti pauli, Sancti iude, sancti Mathei. ist abir dirre heiligen abent ein sunnentage, so sol man den samstag vasten. also sol man anderen zwelfbotten abenden och

tuon, ez si danne ein sunnentac58, 58) *sunnentac* fehlt.

59) *vn ane*

60) *den*

61) *dannē*

62) Dahinter noch *danne.*

63) *alles*

durch etliches landes redeliche gewonheit, Ane sancti iohannis ewangelisten abint, wonde er zuo hant nach dem frolichen wichen naht tage gat, unde ane sancti philipes unde59 sancti iacobes abent an dem60 ersten abent vor dem meigetage. wande ez ist danne61 ein (298a.) zit der frouden.62 Noch danne sint sehz hochzit der abint man vasten sol. Wihe naht, Pfingsten, Sunegiht, Laurenti, unser frowen messe der erren, unde och sant Markes tac. als63 daz iar in vier zit geteilet ist, also teilent och die arzate den naturlichen tac, der vier unde zwenzic stunden het, in vier teil, unde iegliches het sehz stunde. daz erste daz ist die mittenaht. darzuo horint drie stunden die der vor sint unde drie dar nach, unde sint fiuhte unde kalt. daz ander teil daz ist der sunnen ufganc. darzuo horint drie stunden dervor unde drie dernach, unde sint warm unde fiuhte. das dritte teil ist der mittetac. darzuo horint drie stunden der vor unde dernach drie, unde sint warm unde durre. daz vierde ist der sunnen underganc. darzuo horint drie stunden die dervor sint unde drie dernach, unde sint kalt unde (298b.) durre. daz mahtu kiesin an dirre figuren, die da betiutet den64

64) *betútetet*; *den* fehlt.

naturlichen tag der an der mitten naht ane gat unde zuo mitter naht uz als ein umbecreis.

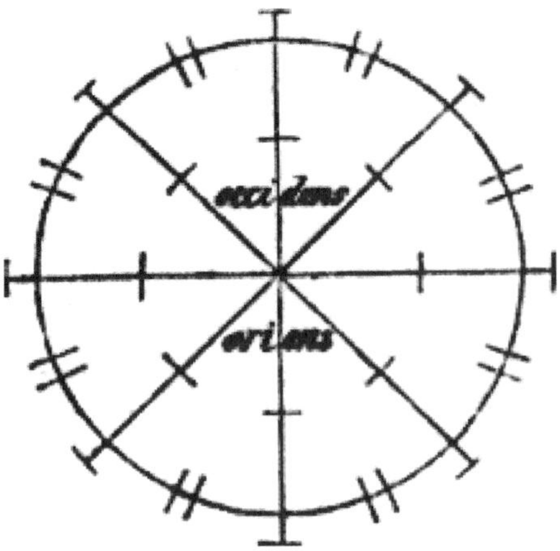

also vahent die romer den naturlichen tac an. also teilit man deʒ menschen lebtage in vier. daʒ erste ist die kintheit, iugent, manheit unde daʒ alter. also sint och vier winde, unde het ieglicher zwene anhenge oder zwene knehte.

der erste heiʒit Boreas. der weget von septentrione65, | 65) *septetrione* |

| 66) *wegenes gerihte. H'.* | daʒ ist von deʒ Herwagenes gerihte66, daʒ ist von

der mitter naht. der ander heiʒit eurus, bisa oder nider wint, unde weget von oriente. der dritte heizit Auster, waʒʒirwint, von dem mittem tage. der vierde heiʒit waltwint oder aberer wint, zephirus, von occidente. (298c.)

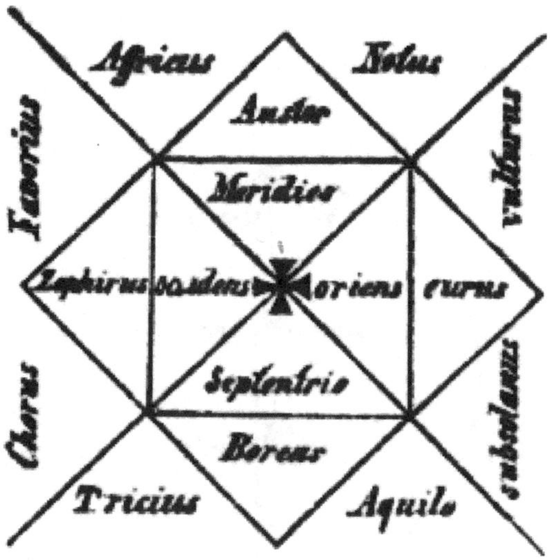

Affricus / Notus / Auster / Meridies // subsolanus / vulturus / eurus / oriens
Tricius / Aquilo / Boreas / Septentrio // Chorus / Favorius / Zephirus / occidens

67) Dahinter ein durchkreuzter und punktierter Kreis wie 294d.

68) *vn scheiden*

69) *den keī*

70) *hinderer*

71) *dú*

72) Das Bild der Sonne roth. dise winde unde ir anhengende winde maht du kiesin an dirre figuren.67  wande danne diu zit nach dem manen unde der sunnen underscheiden68 ist, da von wil ich sagen etwaz von in, e danne ich iut me von der zit sage. Nu wissest daz etliche meistere sprechint daz alle sternen irn schin enpfahent von der sunnen. so sprechint andere, dekein69 sterne wan der mane enpfahit den schin von der sunnen. also enloikenet nieman daz der mane enpfahet sin licht von der sunnen. wonde denne der mane vil niderer ist, unde wonde er sich och hinderet70, so kumet er etwenne under die sunnen unde bedeckit si uns, daz uns (298d.) dunkit, si sie erlöschin. unde der gebreste der sunnen heisset eclipsis solis, daz ist ein gebreste der sunnen. alse du71 kiesen maht an dirre figuren.72

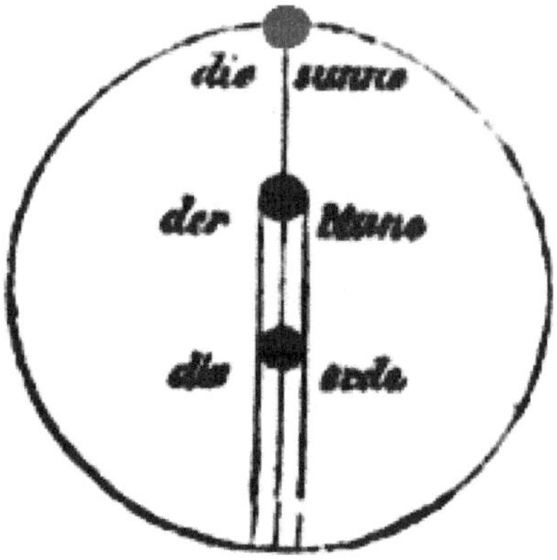

unde wissest daz man73 73) *man* fehlt.

74) *niemer*

75) *gengen*

76) *entwichen* in dem eclipsim niut ensiht in allem lande. der selbe eclipsis enwiderfert nuwan74 so der mane enzundet wirt. so sich der mane gehindert so verre, daz er die rihte gegen75 der sunne ist gestellet, daz die erde der enzwischen76 ist, so schinet diu sunne uf daz ertriche, unde dez ertriches schatewe driffet an den manen, daz er swarz wirdet. der gebreste heizit eclipsis lune, daz ist ein gebreste dez manen, unde ist werlicher77

77) *werlichen*

78) *den*

79) *vol schinmet*

80) Sonne und Mond in nachstehendem Bilde roth gemalt.

ein breste dez maneschines denne der breste der78 der sunne widervert. wenne die sunne verleschit niht. so verleschit der mane. dez manen (299a.) bresten kiesint elliu lant wol. unde der eclipsis en widervert niemer, nuwen so der mane volschinec79 unde vierzehennehtic ist, als du hie kusest. da von waz es wider die nature unde ein wunderlich gottes zeichin, daz die sunne, die eclipsin niht en het, nuwan so der mane enzundet wirt,80
als ich da vor geseit habe, daz die sunne, sprich ich, do got martert wart, eclipsim hete, swie so der mane ioch do volschinec81

81) *vol schinet*

waz. da von liset man von eime wisen heiden; der waz in criechen landen von einer stat, heizit athene, da warent houbtschuolen, der wise man hiez diosius; do der den wunderlichen gebresten ersach, do sprach er „aut deus nature patitur, aut mundi machina dissolvetur,“ daz ist: antweder got82

82) *got* zweimal.

der naturen lidet not, oder (299b.) der welte stift oder machunge sol zerstorit werden. Ein meister, heizit Martianus, der wil, ez en sie danne eclipsis lune, daz der mane elliu zit volschinic sie, swie ioch wise

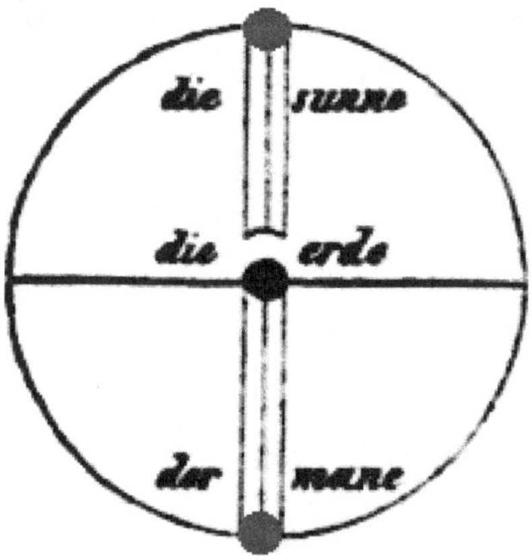

liute sprechint daz der mane gebrestenlich lieht habe von eime manade an den anderen. unde sprichet denne ieman „wie mac dirre meister danne war gehaben, sit man wol sihet daz der mane etwenne crumb ist, also ☾, etwenne halb, also ☾, etwenne vol, also ●", dez entwurt ich dir. Der mane ist alle zit halb lieht, halb vinster. wonde denne der mane niderer ist denne die sunne, so er denne enzundet wirt unde bi der sunnen gat, so ist er obene lieht unde unden vinster. so er denne hinebaz kumet von der sunnen, so sehen wir nuwan den halben schin. so er denne aller verrest cumet, so sehen wir den vollen schin, unde ist andert-(299c.)halb vinster.

also ist der mane an dem teile volles lichtes83,

83) *lieht'es*

84) Die Mondbilder halb roth, halb schwarz; die Sonne roth.

daz gein der sunnen ist gerihtet, unde an dem andern teile ist er vinster. unde so der mane uns niht enschinet, so er enzundet wirt, so sprichit man im coniunctio. unde die namen het der mane nah einander, also du kiesen maht an dirre figuren.84

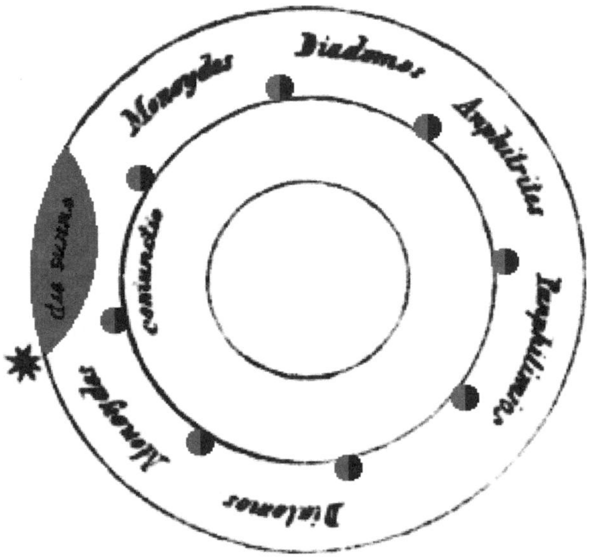

die sunne / coniunctio
Moneydes / Diadomos / Anphitrites / Panphilimios / Diatomos / Moneydes

85) Am Rande das Merkzeichen wie 294d. 298c.

86) *wufzehē*

87) *allē*

88) *daz si*] *dez*

[85]tusent iar heizent ewen, daz ist ein alter. hundert iar heissent seculum, daz ist ein welt, vunfzehen[86] heissent indictio. daz hant die romer gemaht, do si vor so gewaltic warent, daz siu herschetent vil bi uber alle riche, do mahtent siu in diu lant cinshaft alle iar. wonde ez denne kumberlich waz alle[87] iar zuo rome varn zins antwurten, da von gebutent siu den von verren landen daz si so vunf iar (299d.) uz giengent golt ze cinse brahtent, zeime zeichen daz siu heren werent. Abir nach fiunf iaren, daz si[88] brahtent silber, daz man der mitte soldener bereite, soldener daz sint die da vehtent umbe solt, daz ist lon. Aber danne nach fiunf iaren, daz siu brahtent gesmide, daz man wafen da mitte wider gemahte. unde ie fiunf iar heissent lustrum. so cam[89]

89) *cum*

90) *indirre* zweimal.

91) *nīe ein v'gessin*

92) Zweimal *vf gezzit*

93) *handē*

94) *hant vestene*

95) *betrúget*

der zins von allen landen in dirre[90] indictione aller zuo samene. daz man danne niemer vergesse[91] dirre zal, so hant die romer uf gesezzit[92] daz dekein privilegium, daz ist hantvestene, frome were, man enschribe danne under fiunfzehin iaren welhes iares der brief wurde gegebin. unde die zal schriben wir och an drier hande[93] briefen, an hantvestenen[94], an den briefen da mitte man kirwihe beciuget[95], unde an den briefen die man schribet an die grozen osterliche kerzen. der dan-(300a.)ne gerne wuste under disen fiunfzehin iaren in welheme iare wir ieze sint, der tuo driu zuo den iaren von gottes geburte, wande got an dem vierden iare geborn wart, unde teile danne die gottes iar zuo fiunfzehinen. en belibet danne niht uber, so sin wir in dem fiunfzehendesten iare. belibet aber danne uber, also menges so danne uber belibet, in eime solichen sin wir. der ahte tac vor dem octobri ist ein anegenge dirre fiunfzehin iare unde ein ende. Nu wil ich dir sagen von der zit die man ahtet in eime sundern iare. da wissest daz man drier[96]

96) *drie*

97) *dc die*; *c* von späterer Hand.

hande manoden war nimet. die[97] ersten sint der sunnen manden, die andern sint deʒ manen manden, die dritten der gewonheite manden. E danne ich da von iht sage, so wil ich dir ein wenic kunden vor hin daʒ guot darzuo ze wissenne ist. Der umbeganc (300b.) den alle sternen hant umbe uns an dem himele heiʒit zodiacus.[98]

98) *sodiacg* *ʒodiacg*

99) *in ʒwelfú īʒwelfvi*

100) *svnnē*

101) *da*

dirre zodiacus ist zerteilit in zwelfiu[99], unde ieglich zeichen ist geteilit in driʒic stucke, unde ieglich stucke heiʒit ein gradus, daʒ ist ein staffel. unde so du wellest wissen an welheme zeichen unde in welheme gradu die sunne[100] sie, so nime die zale der tage die da für sint gevarn in dem manden in dem du eʒ besuochen wilt, unde tuo fiunfzehin darzuo. werdent denne driʒic oder minre da, so ist och diu sunne in der staffeln deʒ zeichens daʒ[101] zuo dem mande horit. driffet denne ubir driʒic, so ist die sunne user dem zeichin. also menges danne uberic ist, in einer solichen staffeln deʒ andern zeichenes ist die sunne. Ein philosophus, ein vollecomen meister, sprichit „die sunne ubermisset ein zeichen der zwelfer an eime ganzen manode.“ (300c.) da neimet[102]

102) *nemet*

103) *gegegen*

104) *hemispiriū*

er der sunnen manden. der sunnen mande daʒ ist die zit, die wile die sunne an eime zeichen louft. Ein zeichin heiʒit aries. daʒ betiutet einen wider. wan so ist die sunne als ein wider hindene swach gegen[103] dem winter, wonde si wenic durrekeite unde wermede het. Abir da vorne gegen dem sumer ist si me creftic. daʒ halbe teil deʒ himels obne daʒ wir da sehint, daʒ heiʒit hemisporium[104]. daʒ wir denne niht ensehen, daʒ heiʒit och also. als hie:

wonde denne die sunne, so si an dem ariete gat, von dem

understen emisperio sich gekeret hat zuo dem obersten, als ein wider, der in dem winter als uf der lingen siten lac, der keret sich ze sumer uf die rehte, unde och da von heiȥit diȥ zeichen aries, an dem die sunne wart gemaht, als die cristenheit sprichet. abir anders sprechint arabes. daȥ sint liute von eime (300d.) lande, daȥ heiȥit arabia. die sprechint, die sunne wurde gemaht in leone. § Ein ander zeichin heiȥit taurus. wan die zit so diu sunne loufet in tauro, so schinet der ohsen arbeit, unde als ein ohse sterker ist danne ein wider, als ist die zit danne sterker danne die erste an durre unde an wermede. § Ein ander zeichen heiȥit gemini. wan so ist diu zit zwivaltic an wermede unde an durre. § Ein ander zeichen heiȥit Kanker. wan als der crebse hinder sich105 105) *si* gat, als gat danne die sunne zuo dem understen emisperio von irme hohsten gange, so ist solsticium estivale. § Ein ander zeichen heiȥit Leo. wan als daȥ tier gar heiȥir naturen ist unde ubil, als ist die sunne denne gar heiȥ unde durre, danne ist daȥ laȥen schade, wann danne die lute versmahtent sint von hitzen unde von durrekeit. so sint huntlich (301a.) tage. wan so gat die sunne bi eime sternen, der heiȥit canis, wan er als reht ubil ist. § Ein ander zeichen heiȥȥet virgo. danne ist diu zit unberhaft als ein maget. § Ein ander zeichen heiȥet106 106) *heiȥet* fehlt; *zeichen* aus *heiȥhen* gebessert. libra. so sint tac unde naht als gelich lanc, als der ein ding wege mit einer wagen. § Ein ander zeichen heiȥȥit Scorpio. so ist diu zit ein wile minneclich unde danach calt unde drureclich, als daȥ scorpio. daȥ leckit mit der zungen unde stichet danne mit dem zagele. § Ein ander zeichen heiȥit sagitarius. wan so schuzit der winter an uns sine freisen, waȥgewittere, wint, regen, hagel, sne unde frost. § Ein ander zeichen heiȥit capricornus. wan als der capricornus uf stiget nach den loubirn, als stiget die sunne danne von dem understen emisperio zuo dem obersten. so langent die tage, unde ist (301b.) solsticium hyemale. § Ein ander zeichen heiȥit aquarius. so ist der luft gar wasserehte unde fuhte. § Ein anders heiȥit pisches. so ist die zit so gar wasserehte, daȥ man mohte sprechin, elliu dinc swumment als vische. Och sprechint etlich meistere daȥ dise zwelf zeichen also genant sint darumbe, wan die sternen die in der selbin gegni sint, die sint gestalt nach den tieren nach den si genant sint. Nu sol ich von deȥ manen manden sagen. deȥ manen mande ist diu zit in der der mane wider keren mac von der sunnen. so er enzündet wirt, so lat er die sunne fur gan unde sumet sich, biȥ er wider zuo der sunnen kumet. Also wider keret er von der sunnen wider zuo der sunnen alle tac vier puncten. unde ie ein puncte ist ein zehinde teil eines zeichins der zwelf zeichine. Einer hande zal, he-(301c.)iȥit epacte, die leret welhes tages der mane enzundet werde. die ist swere unde erdroȥȥenlich. da von vant uns der keiser iulius, der waȥ an den sternen ein guot meister, der vant ein besir zale. die heiȥit die guldin zal. Er wartete eines iares welhes tages der mane enzundet wurde, unde schreib eines dar. also tet er an allen den tagen da der mane ander wart, bis daȥ iar uȥ kam. deȥ andern iares, so der mane enzundet wart, so schreip er zwei. Deȥ dritten iares driu, unde also biȥ an das niunzehende iar. do schreip er niunzehene. an dem zwenzicgosten iare, wa dan eines geschriben waȥ, da wart ie der mane enzündet. als gat diȥe rechenunge an dem einen an unde an nunzehenen uȥ. Nu wil ich von dem gewonlichen manden sagen. der gewonlich mande daȥ sint die tage die von den alten ziten unde nu geschriben sint in unsern ka-(301d.)lendenern. da von wiȥȥet daȥ romelus der meister waȥ der erste under den romeren der daȥ iar mit den manden teilte. der mahte niht wan zehen manden, Unde sprach, eȥ were ein iar. daȥ tet er darumbe, wan ein frouwe ein kint niht langer treit dan zehin manden. unde in sinen ziten waȥ gewonlich daȥ ein frowe nach ires mannes tode an ander man beleip uber zehin manden. den ersten manden nante er marcium, wande sin vater mars hieȥ. oder als die heidene gloubint107,

107) *glŏbit*

108) *sich* fehlt.

109) *worete*

mars daȥ ist ein stritgot. nach dem mac och dirre mande wol heiȥin. wan die romschen kunge fuorent die zit an den strit, so siu urluge hetent. Do nante romulus den anderen manden aprilem. den namen gab er im von dem worte aperire. wan in der zit so tuont sich108 uf deȥ ertriches unde der boume pori. Do nante er den dritten Mæien, nach dem worte109 Ma-(302a.)iores. wan die merren mahtent danne ir spil ze rome. Den vierden nande er Junium. wan so hetent die iungen ir spil. Den fiunften nante er Quintilem, nach dem worte quinque. Den sehsten sextilem, nach dem worte sex. Der sibinde heiȥit september, von septem unde von ymber, als der spreche „er ist der sibinde nach dem regenlichen manden.“ daȥ ist der merze, ze gelicher wiȥ, heiȥit der ahte mande october, von octo unde von ymber. Unde der niunde november, von novem unde ymber. Der zehinde December, von decem und ymber. Da nach kam ein meister, der heiȥet110

110) *hieȥet*

numma pompeius, der merrete daȥ iar mit zwein manden. daȥ waȥ ianuarius unde Februarius. Nach der heiden geloube ianus daȥ ist deȥ iares got. der het zwei houbet, daȥ er hindene unde vorne gesehe. nach deme ist der ianuarius genant, wan der mande ist (302b.) ein ende deȥ furgevarnen iares unde ein anegenge deȥ kunftigen iares. er mac och heizen nach dem worte ianua. wan als man zuo einer duren in gat, als gat man zuo disem111,

111) *disen*

112) *ist* fehlt.

113) *begegint*

114) *begenvotēt*

115) *der*

manden in daz iar. nach der heidene geloube Februus daz ist der hellen got. darnach ist112 der februarius genant, wan die romer warent noch do heidene unde begiengint113 dez hellegotes hogezit in dem februario. wie denne doch meister numma dem iare zwelf manden gebe, doch mahte er ez ze kurz. wande die manden warent manen manden. die engenuogten114 niht der sunnen loufe. da von kam ein andere, daz waz keiser iulius, der mahte den115 kalendener rehte unde irvollette den gebresten mit einlof dagen, die tet er darzuo unde ein vierteil eines tages. da von het daz iar driu hundert unde sehzic unde fiunf tage unde sehz stunden. doch ubergreif (302c.) er mit eime zwelften teile einre stunden. Dirre Julius teilte iglichem manden sine tage vil ordenlich, er vienc an an dem mercen. dem gab er ein unde drizic tage, dem andern drizic, unde also biz uz. dem geraden gap er gerade, dem ungeraden gab er ungerade. do er do herumbe an den ianuarium kam, dem solte er ein unde drizic tage han gegebin, unde gebrast im eines tages. den nam er dem februario unde ervollete den ianuarium unde sprach „der Februarius kumit sime gebresten wol nach, so ez schaltiar sint.“ wan er do keiser waz, do wart der mande der vor quintilis hiez Julius genant. daz tatent im die romer ze liebe, wan er in dem manden116

116) *mandem*

117) *genant*

geborn wart. ze glicher wis tatent siu dem keiser augusto. der waz in dem sextili geborn.117 der mande wart augustus genant. aber keiser augustus nidete daz (302d.) sin mande eines tages kurzir waz danne iulius, unde nam einen tac uz dem Februario unde leite den in sinen manden. do beleip der februarius mit eht unde zwenzic dagen. wan do drie manden nah enander giengent der ieglicher ein unde drizic hete, der iulius, augustus unde september, da von nam der keiser augustus einen tac uz dem septembri unde gab in dem octobri, unde nam einen uz dem novembri unde gap in dem decembri. also stant die manden noch bi unsern ziten.

Danach wissest daz ieglich mande drier hande tage het, daz sint kalende, none unde Idus. kalende daz118 118) *Idus kalende. Dc*

119) *merkint*

120) *in* ist als der spreche colende. wan an dem ersten tage iegliches manden so uobtent siu eine gotin, die hiez iuno. kalo daz sprichet ruofen. da von kumet och wol calende. wan so rief ein butel vor hin etwie lange (303a.) unde kunte den merkit119 unde die hohgezit. kalo daz ist guot. da von heizit ez och kalende, wan so hantgiftet ein friunt dem andern in dem namen daz im120 gelucke unde guot davon volgete. Non daz ist niht. da von kumet none. wan kein got enthilt niht die hohgezit iunonis in den tagen. oder none daz ist als nove. wan die tage so fundent romer niuwe reht. nundine daz sint mestage. wan do hie vor die mestage in disen tagen warent, da von heizent dise tage none. § ydus daz kumet von eim kriechschen worte ydos, daz ist ein teilunge. wan dise tage sint vil bi der halbe mande, oder won121 121) *von.* sich die mestage danne schiedent.

Nu soltu wissen, in ieglichem manden sint zwene ubile tage. nach der heiden gelouben waz ez ubel, daz man an den tagen kein werk an vienc, unde wer an (303b.) den tagen siech wart, der starb oder genas kume. an den selben tagen plagete got daz volk von egipto mit den grozen slegen. och warent etlich heidene, die opfirtent an disen tagen ir eigen menslich bluot dem hellegote der da heizit pluto. da von wart ez verbotten, daz nieman lazin solte an disen tagen, daz man iht arcwane daz man menslich bluot opfere dem duvele. § Sant Augustinus verbiutet daz man iht bluot opfere plutoni noch hohgezit began iunon an den kalendis. Der irkennen welle in ieglichem manden weles sint verworfene tage, unde wele stunde schedelich ist an den selben tagen, der lerne an disen versen. Armis gunfe dei calatos adamare dabatur. Lixa memor conflans gelidos limpfantia quosdam. Omne lumen aaron bagis consortia laudat. Thielinkat ei coequata gracia lim (303c.) liphradus. ie zwei wort horint an einen manden. Daz erste zalet obne her abe, daz ander zalet undene uf. der erste buochstabe an der ersten sillaben bezeichint wel tage verworfen si. wan als verre der buochstabe stat in dem a b c, also mengen tac stat der tac in dem kalendario. ze gelicher wis bezeichenet der erste buochstabe an der andern sillaben wel stunde in dem selben tage verworfen si. Nu han ich geseit von der zit die man geschriben mac unde stete ist. nu wil ich sagen von der122

122) *der* fehlt.

123) *horint*

124) *dem* bewegelichen zit die man ahtet bi dem loufe deȥ manen unde het keine stat in dem kalendario. unde der zite sint fiunfe, septuagesima, quadragesima, pascha, rogationes, pentecoste. wie aber der adventus bewegelich si, so en horit[123] er doch niht zuo disen. wan man ahtet sin niht nach dem manen. die dage die da heiȥent (303d.) septuagesima, mit den[124] begat man die sibinzic iar in den die kint von israhel warent gevangen ze babilonie. quadragesima, mit den begat man die vierzic tage die Moyses vastete unde enpfienc die zehin gebot von unsirme herren. Helyas vastete och vierzic tage unde wart gezuckit an ein heinlich clare stat. och vastete unser herre ihesus cristus selb vierzic tage unde uberwant deȥ tievils bekorunge. wan dan alle gotes getat uns ein lere ist unde ein wec, wir suln[125] 125) *wan súl*

126) *vntolicheit* och vierzic tage vasten, unde sulent gote unser lebin zehinden, als wir och unser guot zehinden. den osteren sprechint die iuden pascha unde die criechen phase. phase daȥ ist in latine transitus. wan unser herre ihesus cristus do uber fuor von der dotlicheit zuo der untotlicheit[126], danne suln wir uber varen von den sunden zuo den (304a.) tugenden, daȥ wir von disim lebinne mugent komen zuo dem ewigen lebinne. AMen. Die zit so man mit den crucen get, die tage heiȥent rogationes, von dem worte rogare. wan diu heilic cristenheit manet uns daȥ wir betent unde vastent unde mit den crucen gant, niht alleine fur die wolfe die dem libe schadent, me halt fur die wolfe die der sele schadent. Pentecosten daȥ kumet von dem crieschin worte pente, daȥ ist fiunfe, unde coste, daȥ ist zehene, als der spreche „fiunf werbe zehine." also menic dag ist och von ostern biȥ pfingsten. unde die zit begat die cristenheit, wan die e Moysi wart gegebin uf dem lihten berge, unde unsers[127] 127) *vnser* herren iungern enpfiengent den heiligen geist. Nu han ich geseit von den ziten die man ahtet nach dem manen. Nu wissest daȥ der sunnentac (304b.) der da stat nach dem fiunften tage vor dem Decembri unde vor dem dritten tage hin in Decembri, der sunnentac ist ein anegenge deȥ adventus, daȥ uns kunftic ist der tac an dem got geborn wart, deȥ die wissagen vor lange begeret hettent.

Finis adest operis. mercedem posco[128] laboris.

128) *pasco*

9 789356 901193

Printed at Repro India Ltd.